BlueBook

Impressum

© 2022 Alicia M. Herold
1. Auflage

Autor und Umschlaggestaltung:
Alicia M. Herold

Lektorat:
WortTraum Lektorat

Illustration und Design:
Leonie Köhler

Herstellung und Verlag:
BoD – Books on Demand,
Norderstedt

ISBN:
9783754385333

Bibliografische Information der Deutschen Nationalbibliothek:
Die Deutsche Nationalbibliothek verzeichnet diese Publikation in
der Deutschen Nationalbibliografie; detaillierte bibliografische
Daten sind im Internet über http://dnb.d-nb.de abrufbar.

Über mich

Mein Name ist Alicia Maria Herold, geboren wurde ich am 12. Juni 2000 in Köln.

Mein Fokus lag lange darauf, zu überleben. Heute versuche ich mehr zu leben.

Die Entscheidung, 2017 meinen ersten Pilgerweg zu gehen, hat die Richtung, in die sich mein Leben entwickelt hat, maßgeblich beeinflusst.

Denn damals begann ich mich für das Leben zu entscheiden.

Mein Wunsch, all das, was ich erlebt habe, in einem Buch zu verarbeiten, hat mich lange begleitet.

Nachdem ich im Mai 2021 mein erstes Buch veröffentlicht hatte, blieb der Wunsch zu schreiben und das Geschriebene zu teilen, bestehen.

Ich wünsche dir, dass du dieses Buch nutzt, um das Licht und die Liebe in dir zu aktivieren.

Du bist wunderbar,

genau so wie du bist!

- Auch mit deinen Monstern.

[Von meinem Monster]

Neben uns im Zug sehe ich Kinderaugen strahlen. Ich versuche, mich an die Zeit zu erinnern, in der auch meine Augen noch strahlten wie Sterne, gefangen in meinem kleinen Kopf. Sie strahlen nach außen mit ihrer unbändigen Kraft, sie weinen und sie lachen, so ehrlich und hell. Sie wollten ein Leben lang strahlen, das sagten sie mir. Und so beschloss ich, nicht erwachsen zu werden.

Meine Augen strahlen schon lange nicht mehr. So sehr ich versucht habe ein Kind zu bleiben, ich bin es nicht mehr. Ich versuchte es immerzu, doch die Erwachsenen wünschten sich immer ein erwachseneres Kind.

Ich schaue aus dem Fenster und überlege. Es waren nicht bloß die Erwachsenen. Vor allem war es das Monster in mir. Früher lebte es noch unter meinem Bett und jagte mir von dort aus Angst ein.

Eines Tages bemerkte ich, dass es schon lange in mir lebt, und es ist überall da, wo ich auch bin. Es macht mir nicht nur Angst, es macht mich auch *erwachsen*. Ich schreibe ihm die Schuld zu, die Sterne in meinen Augenhöhlen durch stumpfe, graue Kieselsteine ersetzt zu haben, die nicht mehr strahlend lachen und unschuldig weinen. Nein!

Sie öffnen dem Monster die Fenster zur Welt. Sie starren ins Leere, funkeln vor Wut oder sind glasig, vor nicht zugelassener Trauer. Wut und Trauer in mir machen sich breit, ebenso wie das Monster. Vielleicht sind sie das Monster. Vielleicht bin ich es selbst. – Aber das glaube ich nicht! Das kann nicht sein. Sie will zurück an die Macht. Will nach außen strahlen. Doch die Menschen schauen bloß auf meine Hülle, meine Haut, die mit Narben übersät ist. Dabei habe ich so viel mehr zu erzählen als die Verletzungen des Krieges zwischen dem Monster und mir. Die drängen sich auf und das Monster flüstert, dass sie *für immer* bleiben werden. Ich probiere, ihm zu trotzen und an meine Sterne zu glauben. So suche ich, wie besessen, nach meinen verloren geglaubten, warm leuchtenden Sternenaugen.

Meine Hoffnung zu erzählen, tiefgehender als jede meiner Narben. Seit Jahren führen wir Krieg, die Welt gibt ihm Nahrung. Ich gebe mir keine. – Den Fehler erkenne ich mit der Zeit. Das Monster hat mich geprägt, immer und immer wieder.

In manchen Momenten übernimmt es die Kontrolle ganz und spaltet mich in viele winzige Teile, die sich alle selbst zerstören. Der kleinen Königin in mir sind die Fäden entglitten. Die Fäden ihres wilden Drachen, die Fäden ihrer nach Freiheit strebenden Luftballons und die Leine zu ihrem Hund, den sie nie haben durfte. Auf der Suche hat sie sich verlaufen, und auch ihre Kleider passen nicht mehr. Sie fühlt sich nicht mehr wohl und will nach der langen Suche einfach nur ankommen. Und so glaubt sie schließlich dem Monster doch – und verhungert.

Jetzt bin ich allein mit dem Monster. Halte meine Sternenaugen für immer für verschwunden. Es wird kalt, eiskalt - und ich falle. Falle wie in Kindheitsträumen. Was die Königin wohl von mir denken würde, sähe sie mich von oben. Bin zerstört, in Einzelteile, die sich selbst vernichten. Ich habe sie verraten, meine kleine Königin. Nicht mal im Spiegel sehe ich sie mehr… Ich denke, das Einzige, was ich tun kann, ist weiter für sie zu hungern und so zu versuchen, das Monster zu besiegen. Dabei gebe ich ihm neue Energie und verhungere dabei selbst. – Das muss ich ändern.

Nur mit Neuem kann ich Altem trotzen.

Ich sollte neue Spuren hinterlassen.

Das Monster wird wieder lauter, schreit mich an. Bei Tag und bei Nacht. *Der Krieg ist nicht vorbei!*

Fühle mich so allein, so unheimlich fremd. Würde so gern wieder unschuldig weinen, wünsche sie mir so sehr zurück, meine Sternenaugen. *Unschuldig bist du schon lange nicht mehr*, höhnt das Monster. Hätte ich es nur anders, nur besser gemacht. Wäre ich nur früher mit ihr gemeinsam gegangen… Und wieder höre ich es schreien: *Du wirst nicht erwachsen!* In meinem leeren Kopf hallen diese fremden Worte noch lange nach. Ich erschauere jedes Mal beim Klang seiner Stimme. Mein Monster hat mehr Macht, seit sie ging, seit die Königin starb, seit es sie mir nahm.

Die Teile bekämpfen sich, und ich versuche unablässig, sie zusammen zu halten und kämpfe, siege und verliere erneut. Ich bin ich, sage ich mir und halte meine Maske aufrecht. Ruhig bleiben und nett schauen. Das falsche Lachen entlarven nur die Wenigsten. Doch das will die Rebellin in mir sich nicht gefallen lassen. Ich bereue es, es ist Sommer und meine Narben verraten mich. Leider wurden es immer mehr, so wie meine Angst immer größer und mein Hunger nach Leben stetig unstillbarer wurde. Wieder bin ich allein.

Der Krieg hat gerade erst begonnen, flüstert mir das Monster zu und lacht, während ich schreie.

Es regnet laut und hart. Der Regen hämmert gegen Dach und Fenster. Ich sitze schaudernd im Zug, habe Angst, fühle mich gefangen, auch wenn ich es nicht bin.

Ich werde meine Sternenaugen finden, das verspreche ich mir. Im Stillen, ohne es je auszusprechen. Ich werde sie finden und zurückholen. Vielleicht muss ich dann nicht weiter hungern, um ihrer zu gedenken. Am meisten wünsche ich sie mir zurück. Ihre Wärme, ihr Lachen und ihr unschuldiges Weinen. Vielleicht würde ich sie im Spiegel sogar aus meinen Augen funkeln sehen.

„ Der einst gab mir Flügel, bringt mich nun zu Fall (…)"
So schrieb ich damals, und heute ergibt es endlich Sinn, mehr als je zuvor. Nicht bloß leere Worte mit schönem Klang. Die Erinnerung kam so plötzlich und unvermittelt wie ein heftiges Sommergewitter. Sie brach mindestens genauso stark auf mich herab. Was sich als kurzer Regenschauer angekündigt hatte, verschwommene Erinnerungen an erschreckende Erlebnisse, kam nun mit voller Wucht. Erinnerungen, die ich nicht haben sollte. Und mit ihnen kamen die Zweifel, die Angst und das Gefühl der Ohnmacht, nichts an dem ändern zu können, was passiert war. Meinen Ursprung, mein Leid und meine Vergangenheit. Ich kann sie nicht ändern. Aber ich

kann beginnen, Chancen zu sehen und zu ergreifen. Ich kann

anfangen, zu verstehen und ich darf lernen zu lieben. Erst mich.

Dann andere.

Jetzt hat der Kampf begonnen, sagt das Monster. – Und es hat recht.

Doch ich kämpfe nicht mehr gegen mich. Ich kämpfe *für* mich, für

das Leben, und ich habe die Ahnung, dass mir das Monster dabei

noch große Hilfe leisten wird.

Mir dabei helfen wird, trotzdem zu lieben. Trotzdem zu leben.

Neben mir im Zug sehe ich Kinderaugen strahlen und ich schaue aus

dem Fenster, erinnere mich an all die Tage, an denen ich nach ihnen

suchte. Dabei habe ich ihr Leuchten tief in mir wieder gefunden.

Und manchmal, da kann ich sie sogar im Spiegel aus meinen Augen

funkeln sehen.

[Angst vor der Liebe]

Das ist für alle,

die, wie ich,

nie (mehr) lieben wollten:

Angst

will dich beschützen

vor Verlust,

vor Trauer

& vor Verletzung -

doch sie lähmt dich,

macht dich klein

& kalt.

Dann kommt jemand

in dein Leben

den deine Angst

als Feind sieht,

jemand, den du magst,

in dein Herz schließt.

11

Die Angst wird

mit aller Kraft versuchen

dir zu verbieten

dieses Herz zu lieben.

Sie will dich schützen,

dich vor dem Schmerz bewahren -

doch irgendwann

ist die Liebe so stark,

dass sie größer wird

als deine Angst.

Sie kann diese Angst besiegen

& es wird sicher Tage geben,

an denen du es bitter bereust,

die Liebe siegen gelassen zu haben.

Du wirst vielleicht

weinen und schreien

aber:

Wer sich traut zu lieben,

kann einiges verlieren,

wer sich nicht traut,

hat bereits verloren.

& es wird nicht leicht werden,

aber es wird sich lohnen

für die Liebe zu kämpfen

& auch dann,

wenn du es bereust

dich darauf eingelassen zu haben

wirst du am Ende trotzdem gewinnen,

auch wenn es

der Sieg gegen deine Angst war.

[Bitte bleib nicht]

Bitte bleib nicht,

wie du bist,

bitte bleib nicht,

du weißt,

wie es ist,

bitte bleib nicht,

wie du bist.

Du bist besonders,

so wie du bist,

doch bitte bleib nicht,

wie du bist,

denn wer bleibt,

wie er ist,

du weißt,

wie es ist,

14

der verharrt,

der stagniert.

Darum bitte ich dich,

bitte bleib nicht,

wie du bist,

du bist besonders,

genau so wie du bist.

[Chance]

Siehst du sie nicht?

Warum ergreifst du sie nicht?

Bemerkst du sie nicht?

Oder willst du sie nicht?

Warum kannst du es nicht –

sie ergreifen –

deine Chance?

Ich weiß, du denkst,

es wäre nicht die Letzte,

doch was, wenn sie es ist?

[Das Leben danach]

Wer weiß, wie es weitergeht?

Wer kann mir sagen, ob es ein Morgen gibt?

Wer weiß, wie man geht?

Wer weiß, wie man steht?

Wer kann mir sagen, ob es ein Morgen gibt?

Wer weiß, ob es weitergeht?

Wer kann mir sagen, ob es ohne Sorgen geht?

& wer weiß, ob es weitergeht oder was passiert, wenn alles steht?

Wer kann mir versprechen, dass es ein Morgen gibt?

Wer kann mir schon vom Leben danach erzählen?

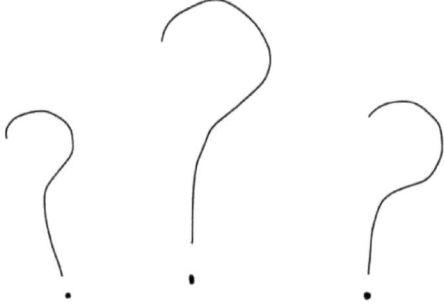

[Ein Stück Freiheit]

Ihr habt sie festgehalten,

als sie frei sein

& groß sein wollte.

So wie alle,

die gingen,

die blieben

& die kamen.

Jeder von ihnen gibt ihr

beim gehen

ein Stück

mehr Freiheit

zurück.

[Freunde]

Er hat sich Feinde gemacht,

Steckt nicht mehr nur ein.

Hat sich groß gemacht,

Es scheint schwierig zu sein,

Das ist seine wahre Form.

"Bin nun mal anders als eure Norm!"

Still manipulieren,

Keiner von euch kann gut verlieren.

Er hat es ertragen und vieles verloren.

"Packe nun meine Sachen und mache mich stark!"

[Gedeihen]

Das Gedeihen, das Aufblühen gelingen ihr nicht -

in der Umgebung, die sie klein hielt.

Sie will wachsen und gedeihen

und fragt sich immerzu

wo der Fehler ist,

bin ich es?

Oder du?

[Himmlisch]

Wir wurden geboren als Träumer des Himmels.

Ausgestattet mit allem, was wir brauchen,

und das von Tag 1 bis zu unserem letzten.

Du hast in dir die Kraft, die du brauchst,

doch wenn du sie nicht erkennst,

so wirst du sie verlieren -

deine Träume - und was hast du,

wenn nicht mehr sie?

Der Himmel erinnert dich täglich

an deine grenzenlose Freiheit und daran,

dass alles in uns liegt,

sowie an die Endlichkeit des Seins.

Die Endlichkeit deines und meines Seins,

die Verbundenheit mit der grenzenlosen Freiheit

des Himmels in unseren Herzen.

[Innerer Sommer]

Heute glaubt sie, es zu verstehen.

Sie vermutet, geliebt zu haben.

Ahnt, geliebt worden zu sein.

Und auch zu leben hatte sie begonnen.

Ihr wurde warm, die letzte Kälte verzog sich,

denn Leben und Lieben

hatten den Platz der Kälte in ihrem Herzen eingenommen.

[Innerer Winter]

Heute ziehen wieder Wolken durch ihren Kopf,

sie glaubt den Regen zu spüren.

Draußen scheint die Sonne,

fast als würde sie von den Strahlen ausgelacht.

So zieht sie sich an wie im Winter, und die Sonne strahlt.

Doch der Sturm in ihr macht ihr Herz kalt.

Kein Platz für Sonne in ihrem Kopf, der Winter zu präsent.

Sommer auf der Haut und Winter im Herzen.

[Jung]

Sie hatte nicht daran geglaubt,

je wieder lieben zu können,

es ist ihr wieder passiert

Nicht daran gedacht,

dass sie es je wieder fühlen könnte,

es kam anders als gedacht,

anders als gehofft.

So anders als zuvor und auch so gleich.

[Kopf & Herz]

Mein Kopf sagt mir, ich soll gehen;

mein Herz schlägt aber nur für dich.

Mein Kopf sagt mir, ich soll gehen;

während mein Herz bloß einen Grund

zum Schlagen sucht.

Sie fühlt sich so frei,

als würde sie fallen,

dabei fliegt sie bloß.

[Liebe ist Freiheit]

sie hasst

die leere

hasst

den hass

liebt

die freiheit

liebt

den moment

und sie liebt

sich.

[Meer]

Kein Land in Sicht,

überall das weite Meer der Gefühle.

Über mir die kreischenden Möwen,

warme Sonne & vorbeiziehende Wolken.

Unter mir die riesige &

ewig während Unterwasserwelt.

& doch bin ich wieder allein,

in diesem weiten, kalten Meer der Gefühle.

[Neue Nacht]

wieder eine neue nacht

und nach langem wieder

eine nacht ohne schlaf

eine voll mit gedanken

eine voll mit gefühlen

die mich wieder überrumpeln

kenne es auch anders

werde trotzdem nie vergessen

diese nächte ohne schlaf

die mich wieder überwältigen

gedanken voll, gefühle viel

ich fühle mich allein

allein damit allein zu sein

[Ob ich Angst hab?]

Du fragst mich, ob ich Angst hab

& ich sag dir *ja.*

Ich habe Angst

& du fragst mich wovor.

Ich zögere,

denn die Antwort fällt schwer.

Ob ich Angst hab & wovor?

Ich hab Angst zu sterben,

aber noch mehr zu leben.

Ich hab Angst zu fühlen,

aber noch mehr es nicht zu tun.

Ich hab Angst gemeinsam zu sein,

aber noch mehr Angst davor

einsam zu sein.

[Privileg]

Du hast es geschafft, du hast dein Leben, hast deinen Platz.

Du hast es geschafft.

Du hast ein Leben, du hast einen Platz.

Heute stehst du hier und weißt dennoch nicht wohin.

Wohin du gehörst und wohin nicht.

Ich weiß, du bist nicht, wer du einmal warst.

Ich weiß, du bist nicht, wer du werden willst.

Doch du bist du.

Jetzt gerade hast du alles geschafft.

Heute bist du hier.

Du hast ein Leben, hast irgendwie auch deinen Platz.

Heute stehst du hier und weißt nicht wohin.

Wohin es geht und wohin nicht.

Du bist nicht, wer du warst.

Du bist nicht, wer du werden willst.

Heute bist du genug.

Dein Privileg, das bist du.

Jetzt.

[Reise]

Wenn du eines Tages mal in meine Schuhe schlüpfst,

selbst wenn es nur für einen Tag ist,

ich weiß nicht, ob du dann verstehen wirst,

so ist jeder Tag bei mir.

Eine Mischung der Gefühle,

ein Karussell der Stimmung

und manchmal ist da dieser Nebel,

er lässt mich nichts mehr sehen,

nichts mehr hören und nichts wirkt mehr real.

Und dann kommt da das Sonnenlicht,

es ist warm und macht den Nebel lichter,

lässt mich den Weg wieder erblicken.

Doch vielleicht lernst du,

dass jeder seine eigene Reise vor sich hat.

[Sehe]

Sehe Menschen

Sehe Schmerz

Sehe Lachen

Sehe Weinen

Ich sehe dich

Sehe Menschen

Sehe Freude

Sehe Weinen

Sehe Lachen

Und immer wenn du Angst hast,

Sieh dich um

Und du siehst Menschen

Siehst Freude

Siehst Weinen

Siehst Lachen

Siehst Schmerz

Ich sehe dich lachen und weinen,

Ich sehe deinen Schmerz und deine Freude.

Eines sehe ich immer-zu,

keiner ist wie du.

[Träume]

Mich zu finden, scheint schwerer als gedacht,

zu wissen, was ich will, unmöglich geworden zu sein.

Wo sind meine Träume hin?

Mich zu finden ist schwer,

zu wissen, was ich will, unmöglich.

Wo sind nur meine Träume hin?

[Unbemerkt]

& sie liegt da

versunken

in Angst.

& sie sitzt da

verloren

in Angst.

& dann steht sie da

ertrunken

in Angst.

Als sie weitergeht,

aus dem Stehen,

aus der Angst

wird ihr eines klar:

Sie lebt.

Gerade lebt sie,

von ihr selbst

unbemerkt.

35

[Versprechungen ans Leben]

Hab mir versprochen, nicht zu vergessen,

doch ich habe vergessen.

Wollte mir jedes Detail merken,

doch das habe ich nicht.

Hab mir versprochen, nicht zu vergessen,

doch das habe ich getan.

Glaub mir, ich wollte es anders machen, wollte

alles behalten,

alles fühlen,

alles sehen,

alles hören.

Hab mir versprochen, nicht zu vergessen,

doch das habe ich.

Wollte mir jedes Detail merken,

doch das habe ich nicht.

Hab mir versprochen, zu leben

und das werde ich.

[Wir waren]

Weißt du noch,

wer wir waren,

bevor wir

wir wurden?

Einsame Seelen

auf der Suche

nach mehr.

Irgendwie unantastbar,

entzweit & doch einsam.

Gemeinsam entzweite Seelen

auf der verzweifelten Suche

nach Liebe,

die wir in uns selbst nicht finden konnten.

[Zerrissenheit]

Und dann bin ich allein,

endlich.

Für mich das schlimmste:

Alleinsein,

es ist besser als Gesellschaft gerade.

Hab immer noch Angst vor ihr,

der Einsamkeit,

was, wenn nur sie mich retten kann?

[Alles wird gut]

Er hofft so sehr,

dass jetzt endlich alles gut wird,

dass es endlich bergauf geht.

So lange hat er gekämpft,

ist so verdammt oft gefallen

und hat so viel verloren.

Er möchte lachen können

und auch weinen,

aber mehr lachen,

mehr glücklich sein.

Er wünscht sich so sehr,

dass endlich alles gut,

alles etwas erträglicher wird,

will hinter sich lassen was war

und Schönes, Neues schaffen.

[Auch wenn es nur ein Schritt ist]

Glasig, tränenleer, blicken meine Augen aus dem Fenster des

fahrenden Zuges.

Trauer und Fülle im Kopf.

Die Stadt erleuchtet den Himmel mit ihrer Skyline.

In der Ferne die Berge und mein Mut.

Frei sein wäre schön, doch ist so fern wie die Berge am Horizont.

Die Augen bleiben trocken, in mir tobt ein Sturm.

Träume von dir, bin wach

und doch zu müde, zu erschöpft, für diese Welt.

Fühle mich so allein, so unglücklich.

Gefangen in mir,

ist die Freiheit so weit entfernt, wie die Berge in der Ferne.

Loszulassen scheint unmöglich geworden zu sein.

Bin allein und klein und doch irgendwie wichtig,

auch wenn es nur für mich ist.

Ich gehe weiter, auch wenn es nur ein Schritt ist.

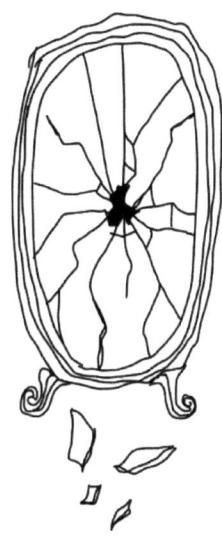

Ich gehe ihn.

Weiter und weiter.

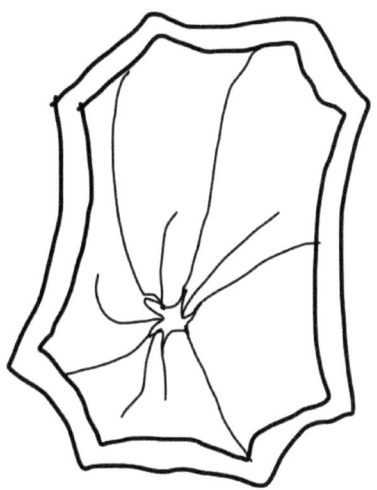

[Festhalten]

Gemeinsam einsam und gemeinsam zweisam gewesen.

Wie das Greifen in einen Scherbenhaufen,

kann nicht loslassen,

und die Splitter bohren sich tiefer und tiefer.

Festhalten.

Kein Ende der Schmerzen in Sicht,

loslassen kann ich dich nicht.

[Auf der Suche nach mir]

Bin einsam und fühl mich allein.

Hab was verloren,

doch weiß nicht, was.

Glaub ich hab mich verloren.

Doch ich find mich nicht wieder.

Kann mich nicht finden,

weiß ja nicht mal, wonach ich such.

So viel ich es versuch,

ich bleibe mit mir allein.

[Augen]

Im Raum voller Augen, die mich anzusehen scheinen,

fühle ich mich nackt, klein

und ein bisschen allein.

Fühle ich mich betrachtet und dabei nicht mal beachtet.

Im Raum voller Augen,

die mich anzusehen scheinen,

beginne ich mich anzuziehen,

mich groß zu machen

und merke, ich bin gar nicht allein.

Fühle mich noch nicht frei unter euren Blicken,

doch ich werde mich befreien,

mich euren Blicken stellen,

keine Angst vor eurem Betrachten.

Ich werde euch nicht mehr beachten,

denn ihr wart die Schwachen, ihr wart die,

die mir etwas vormachten,

denn hinter euren Augen,

da sehe ich bloß Missachten.

[Bei Nacht]

Geplagt von Alpträumen,

denkt er sich um kurz vor drei,

er schläft nie wieder!

Er bekommt keine Luft,

in einer Welt voll mit Sauerstoff...

Er hat sein Zeitgefühl verloren.

Ist ein Freigeist,

bis er wieder in die Welt der Träume abtaucht,

dort ist er gefangen und fühlt sich so klein und verletzlich.

Wenn er wieder auftaucht –

japsend nach Luft –

in einer Welt voll mit Sauerstoff,

so träumt er vom Leben,

gefangen in einem Tagtraum.

47

[Deine Macht]

Wenn Gefühle ausschwärmen und gefühlt werden wollen,

spüre die Macht deiner selbst.

Im Falle der Vergänglichkeit

bleibt die Summe am Ende immer gleich.

Doch dann, wenn der Wind zu wehen beginnt und Regen

vom Himmel fällt, so vergiss nie deinen eigenen Wert.

Denn am Ende bleibt die Summe immer gleich.

Egal ob bei Sonnenschein oder Regenfall,

werde dir deiner selbst bewusst und lasse dich frei

Spüre die Macht deiner Gefühle und Gedanken.

– Doch denk daran,

am Ende bleibt die Summe allen Seins immer gleich.

[Dunkelheit]

Zu lange alles schwarz,

bin in der Dunkelheit getaumelt.

Zu lange alles schwarz, alles dunkel.

Und plötzlich alles hell,

bin geblendet von dem Licht.

Zu lange war alles schwarz,

zu lange in der Dunkelheit geirrt.

Meine Augen gewöhnen sich an das Licht,

meine Seele saugt es auf.

Zu lange war alles schwarz, alles dunkel.

Zu lange alles schwarz,

bin in der Dunkelheit getaumelt.

Zu lange alles schwarz, alles dunkel.

Und plötzlich ist alles hell,

bin geblendet von dem Licht.

Zu lange war alles schwarz,

zu lange in der Dunkelheit geirrt.

Meine Augen gewöhnen sich an das Licht,

meine Seele saugt es auf.

Zu lange war alles schwarz, alles dunkel.

Und plötzlich ist alles hell,

bin geblendet von dem Licht.

[Erlöst]

Erlöst aus dieser Welt,

zugleich für immer gefangen

auf ihr, in unseren Köpfen.

[Wild & Frei]

Sie blühen,

Wild & frei,

Sie blühen,

Aus ihren Köpfen.

Wilde Blumen,

Nach Freiheit strebend,

Bei Tag, bei Nacht.

& dann wird ihnen ihre Vergänglichkeit bewusst.

Denn jedes Leben ist endlich,

Doch das ist ihnen egal.

Sie blühen,

Wild & frei.

Sie blühen,

Aus ihren Köpfen.

Wilde Blumen,

Nach Freiheit strebend,

Bei Tag, bei Nacht.

& dann wird ihnen ihre Freiheit bewusst.

Denn jedes Leben ist endlich,

Doch das ist ihnen egal.

Blühen bei Tag & auch bei Nacht,

Bis ans Ende ihrer Vergänglichkeit.

Bis ans Vergehen ihres Endes,

Blühen sie wild

& blühen sie frei.

[Glauben]

Du glaubst an das Leben,

in meinen Gedanken nur

der Tod.

Glaubst an Liebe,

ich bin in mir drin

allein.

Einsame Seelen,

gefangen in der Illusion

des Todes.

Doch tief in mir drin

glaube ich fest

an das Leben & die Liebe

– tief in mir.

[Leben]

Ich sitze hier,

mit dem Kopf voller Leben und weiß nicht, wohin damit.

Kein Traum mehr da, in diesem Kopf.

Keine Idee, wohin mit diesem Leben.

Schaue auf die Uhr

und sehe den Sekunden dabei zu, wie sie vergehen.

Höre meinem Atem dabei zu,

wie er in mich und aus mir heraus strömt

und empfinde so tiefe Angst

wie in meinen dunkelsten Stunden nicht.

Atme weiter,

denn das kann ich,

lebe weiter,

denn das will ich.

Fange gerade in diesem Moment ganz langsam an,

mit offenen Lidern zu träumen,

von meinem Leben,

von all den Chancen, die ich habe.

Hab ihn nicht mehr,

diesen einen Traum, doch wie ich da sitze,

kommen zarte neue Ideen,

die bald zu Träumen werden können

und dann, wenn ich wieder so groß träumen kann

wie damals, als ich ganz klein war,

erwecke ich sie zum Leben,

und das ist mein Leben, das ist meine Zukunft.

[Ein Stück mehr]

Ich sah,

was ich sehen wollte

und ging,

als ich gehen wollte.

Ich stand,

wo ich stehen wollte

und lief,

wo ich laufen wollte.

Liebte,

wen ich lieben wollte

und dabei mich

immer ein Stück mehr.

[Sehnsucht]

Wieder dieser Wunsch, niemanden zu brauchen

auf dieser Welt,

keine Liebe

dieser Welt,

dieser Wunsch, dich nie kennengelernt zu haben,

dieser Wunsch, dich nie lieben gelernt zu haben.

Diese Angst,

alles zu verlieren,

dich zu verlieren.

[Ohne je gefragt zu haben]

Nun trauert er,

um die vergangene, schöne Zeit.

So wird es nicht mehr sein.

Nie wieder.

Die Zeit tickt,

schreitet voran,

ohne je gefragt zu haben.

Es blüht

eine zarte Hoffnung in ihm auf.

Im Fluss der Zeit,

den Kurs neu einstellen,

enthaken, entspannen

& dann weiter machen.

Sich selbst befreien,

gesund leben,

Frieden finden,

& dann wieder leben.

Träumt davon,

im Fluss der Zeit

wieder zu lieben.

Ohne je gefragt zu haben.

[Seiten]

Keine Kraft hoch zu blicken mit meinen müden Augen,

in das Gesicht der Welt.

Stattdessen starre ich auf die Seiten des Buches meiner Seele.

Noch ist viel Papier unbeschrieben in meinem Buch.

Die Leere starrt mich an,

fordert mich auf,

beschrieben zu werden.

Und ich sitz nur da,

mit dem Kopf in einer anderen Dimension.

Das Buch schreibt sich von allein

und füllt sich, während ich nur dort sitze.

Keine Kraft hoch zu blicken mit meinen müden Augen,

in das Gesicht der Welt.

[Schritte der Zeit]

Jeden Schritt zählend,

scheint sie nicht voranzukommen.

Im Lauf der Zeit,

zählt

jeder Schritt,

den sie geht.

Jeder Schritt

zählt

im Lauf der Zeit,

scheint sie nicht voranzukommen.

[Schweigen]

Einst saß ich da,

und schwieg in mich hinein,

saß da,

schweigend.

Wenn ich in mich hinein hörte,

bloß Schweigen.

Sehe ich hinaus in die Welt,

so sehe ich

plötzlich

etwas Ungewohntes,

sehe Leben und sehe Licht!

& so erkenne ich,

was ich sehe,

das bin ich.

Ich bin so viel mehr, als ich einst dachte.

Bin Leben und bin Licht!

Bin nicht bloß leere Stille,

hatte das Leben wohl unterschätzt...

wieder sitz ich hier,

schweigend.

Wenn ich heut in mich hinein höre,

höre ich etwas Vertrautes,

sehe Leben und sehe Licht.

Nicht nur draußen in der Welt,

ich erkenne,

auch aus mir,

scheinen Licht und Leben in die Welt.

Ich merke, ich bin sogar mehr als Liebe, Licht und Leben.

Ich kann heute geben, was ich bin,

denn ich bin mir genug.

[Selbstliebe]

Kann man sich ganz selbstlos selbst lieben?

Lieben,

Ohne sich selbst zu lieben?

Lieben, ohne zu leben und leben, ohne zu lieben?

Sie fragt sich jede Nacht, was sie wohl ist, diese Liebe.

Sitzt auf dem Dach und fragt nur, statt zu lieben.

Dann wird ihr mit dem Verlöschen der Sternschnuppe klar,

ohne zu leben, kann sie nicht lieben

und ohne sich selbst zu lieben

kann sie keine Liebe hinaustragen in diese

kalte Welt.

[Sonnenstrahlen]

langsam

brechen die ersten wärmenden Sonnenstrahlen

durch die Himmelsdecke

geblitzt

bringen neue Energie

Energie

die sich anfühlt wie das pure Leben,

das die Trübheit der wabernden Gedanken

durchbricht

[Tausend]

Der einst gab mir Flügel, bringt mich nun zu Fall.

Der mir alles gab, nahm mir mich selbst weg.

Weit weg und doch zu nah,

tausend Kilometer würde ich schätzen,

und doch fühle ich mich verraten und allein.

Tausend Worte können diese Taten nicht heilen.

Dafür die Kraft und das Licht in mir.

[Was, wenn nicht wir]

Was ist Liebe, wenn nicht wir,

was ist Wahrheit, wenn nicht wir?

Was sind wir ohne Liebe,

was sind wir ohne Wahrheit?

Was sind wir, wenn nicht Liebe,

was sind wir, wenn nicht Wahrheit?

[Wer weiß]

Wer weiß,

Wie lange es dauert,

Bis es endet?

Wie lange wir dauern,

Bis wir enden?

Was ist schon unendlich?

Ich wache auf neben dir

& ich weiß, dass es noch nicht zu Ende ist.

Dass wir ganz ohne Anfang

& ohne Ende sind.

Dass wir weder gestern,

Noch morgen sind.

[Zitternd]

Es liegt in meiner, vor Angst zitternden, Hand.

Fühle mich nicht bereit, bin nicht so weit.

Sehe Menschen leiden und lachen

und fühl mich, als gehörte ich nicht hier hin, gehörte nicht dazu.

Unter allen Menschen der Welt, trotzdem allein. Rede mit keinem.

Es liegt in deiner Hand!

- Traue mich keinen Schritt vor, keinen zurück.

[Zum Freisein gezwungen]

Du lehrtest sie anders,

lehrtest sie, wieder zu lieben.

Sie hält dich so fest

& du lässt sie einfach frei.

Wollte immer frei sein,

doch diese Freiheit – macht ihr Angst.

[Still]

Und plötzlich bin ich älter als gestern und morgen dann wieder.

Heute bin ich glücklich, nein, der Schein trügt nicht.

Die Trauer sitzt tief in mir.

Sie schläft – glaube, dass sie noch ein bisschen bleibt.

Ich lasse sie schlafen und verharre ganz still.

.

[Funken]

In meinem Kopf ist ein Feuer,

es lodert und brennt hell.

Setze die Maske auf mein brennendes Haupt,

verbrenne mir fast die Finger an den Gedanken,

die fackeln und glimmen.

Verlasse meinen Schutzraum

und ersticke meine Gedanken in Mut,

und auch die Liebe lässt nicht lange auf sich warten.

Angst vor den Gedanken, die tosen und brausen,

vor der Hitze und dem Verlust von dem, was verbrennt,

habe Angst vor meinem flammenden Kopf

-

doch diese Angst ist heute fern. - Ferner als an anderen Tagen.

Ich sage ihr:

Heute nicht, heute lebe ich.

73

[Kurz leben]

Warte mal kurz

Ich muss jetzt leben

Warte mal eben

Das war der Sturz

Vor dem Sprung

Vor dem Fliegen

Falle in Frieden

Und falle stumm

Denn es ist Nacht

Es ist still

Ich weiß was ich will

Hab es durchdacht

Hab mich verloren

Doch finde mich bald

Es gibt keinen Halt

Ich bin erfroren

In diesem Albtraum

So denke ich zumindest

Dass du mich nicht findest

In meinem Tagtraum

Zurück an die Macht

Hab sie vermisst

Die Fahnen gehisst

Ich bin endlich

[Vergessen]

Wollte alles wissen

und mir merken.

Doch ich erkannte,

dass Erinnerungen

sehr weh tun können.

So wollte ich schließlich

alles vergessen.

Doch ich merkte, dass auch

vergessen schmerzen kann.

Zuzulassen, was ist,

nachdem ich mir alles gemerkt

und dann alles vergessen hatte.

Loslassen ist der Schlüssel,

denn merken und vergessen.

Das können viele.

[Lösung]

Werde vielleicht nie die Antwort finden,

das Leben nie lösen können.

Das Leben ist keine Frage,

es gibt kein Richtig,

gibt kein Falsch

und keine Lösung.

Die Chancen sind unendlich,

die Zeit ist es nicht.

[♥]

Ich bin immer bei dir,

Lasse dich nie im Stich

Oder allein,

Du gibst mir wenig,

Sabotierst mich,

Tust mir weh.

Doch ich will überleben,

All den Schmerzen trotzen,

Trotzdem zu funkeln

und strahlen versuchen.

Das mache ich gerne für dich ♥

Doch liebst du mich?

~dein Körper

[Träume II]

Stell dir vor,

all die Zeit, in der du richtig sein wolltest,

ist Grund dafür, dass du gar nicht mehr weißt,

was wirklich wichtig ist?

Wenn ich denk, wie ich meine Träume verloren hab,

denk ich direkt daran, dass ich etwas falsch gemacht hab.

Doch was, wenn der einzige Fehler ist,

alles richtig machen zu wollen?

Geb´ meine Träume für nix und niemanden mehr auf.

[Verloren]

Lass uns vergessen

was war

und anfangen

zu leben,

anfangen

zu tanzen,

um nie mehr

stehen zu bleiben.

Hab verloren

wer ich war

und bin geworden,

wer ich bin.

Lass uns vergessen

wer wir waren

und uns selbst

wiederfinden.

[Muster]

Sag mir, was ist, wenn die Zeit nicht alle Wunden heilt?

Oder was ist, wenn jede meiner Narben doch irgendwann verheilt?

Frage mich so oft, kann das wirklich alles sein?

Was ist, wenn ich heile und nicht mehr reinpasse in diese Muster?

Was, wenn ich wachse und ausbreche? –

Aus all diesen Rastern, die ihr euch so schön ausgedacht habt?

Die ihr mit aller Kraft versucht, aufrecht zu halten?

[Trost]

Bin zerrissen.

Werde meine Segel hissen

immer in Richtung der Freiheit.

Bin zerrissen,

auch in dem Wissen,

dass ich irgendwann frei sein werde.

[Wertvoll]

In einer Welt, in der nicht Stärke, sondern Macht regiert …

In einer Welt, in der nicht Liebe,

sondern Hass regiert…

Bleibt dein Wert davon immer unberührt.

[Wir]

Die höchste Mauer

hält uns heut´ nicht auf.

Die größte Wut

macht uns heute nicht kaputt.

Die größte Angst

hält uns heut´ nicht zurück.

Denn wir sind immer einer mehr.

Immer ein bisschen stärker.

Immer einen Schritt voraus.

Es ist, als wären wir alles

und nichts zugleich.

[rosa & blau]

Verlassene Seelen spiegeln sich

im Blau und Rosa der Wolken über meinem Kopf.

Weiß nicht mal, warum ich so denk.

Ich schau hinauf in den Himmel

und an mir ziehen Menschen vorbei.

Als ich dort auf der Brückenbrüstung stand

und noch nicht sprang, kam mir alles so leer vor.

Ich sprang ohne zu gucken,

in meine Gedanken zurück und stieg mit letzter Kraft

vom Geländer hinab.

Weiß nicht mal, warum ich so denk.

Sie zogen weiter an mir vorbei, ich sah ihre Silhouetten.

Sehe es über mir strahlen

in den schönsten Tönen von rosa und blau.

[Moment]

Er ist jetzt oder nie

Hier oder dort

Heut' oder morgen

Er ist jederzeit, jederorts

Der perfekte Moment

[Gedacht]

Hab viel gedacht, als ich hier stand.

Hab nie gedacht, als ich da stand,

dass ich dort noch mal stehen würde.

Dass ich je wieder aufstehen würde.

Doch da stehe ich

am selben Ort wie zuvor,

als hätte ich nie gedacht;

es wird auch wieder besser.

[Mein Herz]

Mein Herz in Dunkelheit getränkt.

Hass und Angst sind dort bei ihm.

Denn mein Herz lebt noch im Dunkeln.

Mein Herz in Dunkelheit getränkt.

Wir sind Eins, seit Anbeginn unserer Zeit.

Mein Herz strebt nach Freiheit und Licht.

Selbstliebe, doch mein Herz ist verletzt.

Und ich sag ihm:

ohne dich zu lieben, kannst du es auch bei anderen nicht.

[Scherben]

Wie Scherben

versuche ich, Gedanken zu fassen,

versuche mich nicht zu schneiden

an den scharfen Worten

in meinem Kopf.

[Begegnung]

Begegne ihr täglich

Doch es schien wie vergeblich

Ihr Blick so kläglich

Für sie unerträglich

Das bin ich

Doch sie weiß das nicht

[Neubeginn]

Leere Seite, volle Seele.

Die Leere des Blattes füllt sich,

mit frischen Buchstaben bedruckt,

neue Wege gestaltet, die sich übers Blatt bahnen.

Immer neue Worte auf das leere Papier.

Jeder Satz ein Neubeginn.

Jede Seite ein Teil davon.

[Paranoid]

Folge mir nicht, doch ich verfolge dich.

Fühlst dich allein, vielleicht ist das Schein.

Bist du am Boden, hörst du es toben.

Alle Gedanken sind verwobene Schranken.

Bist du oben, werden sie dich stoßen.

Fühlst du dich allein?

Das wirst du nie sein.

Folge mir nicht.

Ich führe dich nicht ins Licht.

[Wettkampf]

Wir haben nicht mehr viele Chancen, haben nicht mehr viel Zeit.

Eine Chance vertan, Zeit hält nicht an.

Trotzdem lasse ich mich weiter auffordern zum Wettkampf gegen

die Zeit und zum Chancen sammeln.

Ich kann ihn nur verlieren, den Wettkampf mit der Zeit.

Gegen die Zeit und für immer neue Chancen gekämpft.

- Habe dabei lange vergessen:

Die Zeit ist nicht der Feind, den man aufhalten muss,

jede neue Chance hast du so sehr verdient.

[Zu viel]

Zu viele Gedanken, zu viele Ideen, viel zu viel in meinem Kopf.

Erfinde mich neu, jeden Tag, jede Sekunde.

Manchmal fühle ich bunt in allen Farben der Welt

und manchmal schwarz.

Ich bin Tag und bin Nacht.

Immer dieselbe von Tag zu Tag,

gleiche ich mir schon bald gar nicht mehr.

Nichts bleibt wie es ist. Es ist Segen und ist Fluch.

[Du]

Du wirst niemals der sein,

der du mal warst

oder der du sein wolltest.

Du wirst immer der sein,

der du gerade bist.

Du bist jederzeit du,

auch wenn es sich nicht so anfühlen mag.

[Ich]

Bin wohl anders geworden.

Bin nicht mehr die ich mal war.

Vermisse mich wie ich mal war,

als ich nicht die war, die ich heute bin.

Manchmal wäre ich sie gerne wieder,

doch dann müsste ich reisen durch die Zeit.

Vermisse mich wie ich damals war,

als ich nicht die war, die ich heute bin.

Bin nicht mehr wie ich mal war.

Bin wohl gewachsen.

[Schmerz]

Versuche, ihn still schweigen zu lassen,

meinen Schmerz.

Er hört nicht auf damit, zu schreien,

ich sei nutzlos.

Mich anzuschreien,

ich sei zu wenig und würde niemals genügen.

Hört nicht auf damit zu schreien, und ich will gehen!

Doch er haftet an mir fest.

Lässt mich nicht los, der Schmerz.

Schließlich lasse ich ihn los,

meinen Schmerz.

Sehe ihn schon bald fallen

in die tiefsten Abgründe des Seins.

Nicht dafür gefallen, ihn nie wieder zu sehen,

bloß dafür losgelassen zu haben.

[Allein mit mir]

Lass mich bitte niemals allein mit mir,

ich bleib allein mit all meinen Problemen.

Kämpfe mit meinem Monster,

egal ob bei Tag oder Nacht.

Bitte lass mich nicht allein mit mir,

bin allein mit mir und ihm.

Kämpfe mit meinem Monster,

egal ob bei Tag oder Nacht.

Es hält mich wach,

brauche bloß Ruhe von meinem Kopf.

Bitte lass mich nicht allein mit mir,

egal ob bei Tag oder Nacht.

[Neuer Sommer]

Geöffnete Augen doch geschlossen das Herz.

So zieht ein neuer Sommer an ihr vorbei.

Den Moment des jetzt und hier verpasst.

Sie rennt ihm nach,

mit geschlossenen Augen und geöffnetem Herz.

[Sein]

Es ist noch nicht allzu lange her,

da sah ich mich selbst

voll Selbsthass im Spiegel an.

Verbrachte viel Zeit vor dem Spiegel,

dort sehe ich mich heute oft schon anders.

Nicht mehr voll Hass,

sondern mit Geduld und Respekt.

Ich will nicht mehr werden,

ich will ich sein.

Sein, wer ich bin.

[Ein letztes Mal]

Sie dreht sich ein letztes Mal um und weiß,

dass er nicht mehr hinter ihr steht.

Nicht mehr hinter ihr geht.

Und so ging er.

Schließlich geht auch sie hinfort,

war lange genug stehen geblieben.

Sie beginnt loszulaufen.

Schritt für Schritt, Fuß vor Fuß.

Und so geht auch sie ihren Weg.

Danksagung

Mein herzlichster Dank gilt allen, die mich auf der Reise zu meinem 2. Buch begleitet haben. An meine liebe Lektorin Judith, für die geduldige, einfühlsame Art, die große Unterstützung und die kreativen Ideen. Danke Lily, für die wunderschönen Zeichnungen die das Buch so richtig komplett machen, aber vor allen Dingen dafür, dass du da bist, dass du immer ein offenes Ohr hast und die richtigen Fragen stellst, du bist mir unbeschreiblich wichtig. Helga du bist mein Vorbild, meine Inspiration und ohne dich hätte ich wohl nicht den Mut für meine Bücher gefunden. Danke, dass du immer für mich da bist. Danke Mou, dass du meine Launen erträgst, mir Mut machst und mich zum Lachen bringst. Ich danke auch meinen Monstern, die mittlerweile so lange in mir leben und mir keine Angst mehr machen, es macht mich stark und sie helfen mir dabei trotzdem zu leben, trotzdem zu lieben. Danke an Milka und Nelli.

Ich danke allen die mein Leben für mich lebenswert machen, das ist nicht selbstverständlich!

Inhalt